NOËL RUSSE

РОЖДЕСТВО

Illustration de couverture Michael Sowa

Ivan CHMELIOV

NOËL RUSSE

РОЖДЕСТВО

Edition bilingue

Traduit du russe par François Lenoir

L'INVENTAIRE

Ты хочешь, милый мальчикъ, чтобы я разсказал тебѣ про наше Рождество. Ну, что же... Не поймешь чего – подскажетъ сердце.

Какъ будто, я такой, какъ ты. Снѣжок ты, знаешь? Здѣсь онъ – рѣдко, выпадетъ – и стаялъ. А у насъ, повалитъ, – свѣту, бывало, не видать, дня на три! Все завалитъ. На улицахъ – сугробы, все бѣло. На крышахъ, на заборахъ, на фонаряхъ, – вотъ сколько снѣгу! Съ крышъ свисаетъ. Виситъ – и рухнетъ, мягко, какъ мука. Ну, за воротъ засыплетъ. Дворники сгребаютъ въ кучи, свозятъ. А не сгребай – увязнешь.

Tu me demandes, petit, de te raconter la Noël russe. Après tout ?... Ce que tu ne comprendras, ton coeur te le soufflera.

Imagine... je suis à peu près grand comme toi. La neige... tu connais la neige ? Elle est rare par ici et... sitôt tombée, sitôt fondue. Mais là-bas, en Russie, quand ça s'y met... trois jours durant, on ne voit plus la lumière ! Le monde disparaît. Dans les rues, des congères. Du blanc, du blanc partout ! Sur les toits, les palissades, les réverbères... de la neige, jusque-là ! Elle glisse le long des toits, glisse et s'effondre d'un coup, molle comme de la farine. Et tu la sentirais se faufiler dans ton col ! Brr ! Les concierges en font des tas, la transportent à l'écart des rues: on s'enfoncerait, sinon.

Тихо у насъ зимой, и глухо. Несутся санки, а не слышно. Только въ морозъ, визжатъ полозья. Зато весной, услышишь первыя колеса... – вотъ радость!..

Наше Рождество подходитъ издалека, тихо. Глубокіе снѣга, морозы крѣпче. Увидишь, что мороженыхъ свиней подвозятъ, – скоро и Рождество.

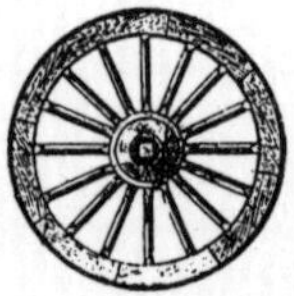

Notre hiver russe, c'est le silence, tout s'assourdit. Les traîneaux filent, on n'entend rien: leurs patins ne couinent que s'il gèle dur. Mais au printemps, quand résonnent soudain les roues des attelages... quelle fête !

La Noël, chez nous, elle vient de loin et s'approche tout doucement. Neige profonde, il gèle à pierre fendre... Pourtant, quand tu vois arriver les cochons gelés, tu sais que c'est pour bientôt.

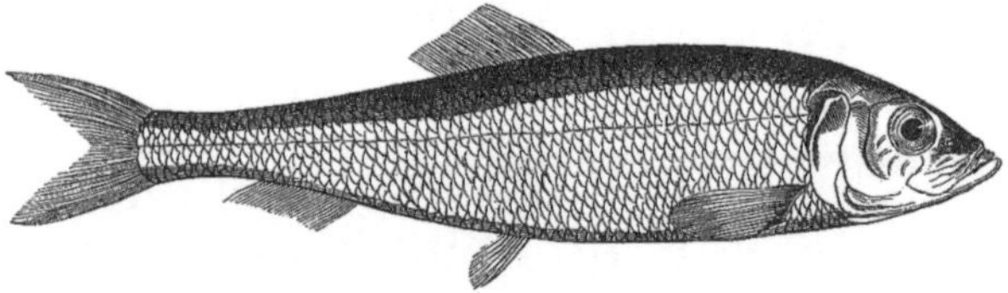

Шесть недѣль постились, ѣли рыбу. Кто побогаче – бѣлугу, осетрину, судачка, навашку; побѣднѣй – селедку, сомовину, леща... У насъ въ Россіи, всякой рыбы много. Зато на Рождество – свинину, всѣ.

Въ мясныхъ, бывало, до потолка навалятъ, словно бревна, – мороженыя свиньи. Окорока обрублены, къ засолу. Такъ и лежатъ, рядами – разводы розовые видно, снѣжком запорошило.

А морозъ такой, что воздухъ мерзнетъ. Инеемъ стоитъ, туманно, дымно.

Auparavant, on a six semaines de maigre, à ne manger que du poisson. Pour les mieux lotis, du bélouga, de l'esturgeon, du sandre, du navaga ; pour les autres, du hareng, du silure, des brêmes... Du poisson, on n'en manque pas en Russie, et de toutes sortes. Mais à Noël, c'est cochon pour tout le monde !

Tu les verrais, les cochons gelés, empilés comme des rondins jusqu'au plafond des boucheries ! Les jambons sont taillés, prêts à saler. Ils sont couchés en rang d'oignon et la neige fine les sculpte en arabesques roses.

Il fait si froid que l'air gèle. Ce n'est plus de l'air, c'est du givre, tout n'est que brume et fumée.

И тянутся обозы – къ Рождеству. Обозъ? Ну, будто, поѣздъ... только не вагоны, а сани, по снѣжку, широкія, изъ дальнихъ мѣстъ. Гусемъ, другъ за дружкой, тянутъ. Лошади степныя, на продажу. А мужики здоровые, тамбовцы, съ Волги, изъ-подъ Самары. Везутъ свинину, поросятъ, гусей, индюшекъ, – «пылкаго морозу».

Рябчикъ идетъ, сибирскій, тетеревъ-глухарь... Знаешь – рябчикъ? Пестренькій такой, рябой... – ну, рябчикъ! Съ голубя, пожалуй, будетъ. Называется – дичь, лѣсная птица. Питается рябиной, клюквой, можжевелкой. А на вкусъ, братъ...! Здѣсь рѣдко видишь, а у насъ – обозами тянули.

Et voici les convois qui s'étirent en file... vers Noël. Les convois ? C'est comme un train, vois-tu... mais un train sans wagons, avec des traîneaux à la place, de grands traîneaux sur la neige. Ils viennent de lointaines contrées, comme cela, à la queue-leu-leu, tirés par des chevaux des steppes que l'on mène à la vente. Et il faut voir les paysans ! Des costauds, des gars de Tambov, de la Volga, des environs de Samara. Ils transportent du porc, des cochons de lait, des dindes, des oies, - raides de froid...

La gélinotte arrive aussi, de Sibérie, et le coq des bouleaux... Tu connais, la gélinotte ? C'est tout tacheté, moucheté... Gros comme un pigeon... On appelle cela du gibier, des oiseaux des bois. La gélinotte se nourrit de sorbe, de genièvre, d'airelles. Et à manger, alors là ! Tu n'imagines pas... Ici, c'est plutôt rare mais, chez nous, on en apportait par convois.

Все распродадутъ, и сани, и лошадей, закупятъ краснаго товару, ситцу, – и домой, чугункой. Чугунка? А желѣзная дорога. Выгоднѣй въ Москву обозомъ: свой овесъ-то, и лошади къ продажѣ, своихъ заводовъ, съ косяковъ степныхъ.

Передъ Рождествомъ, на Конной площади, въ Москвѣ, – тамъ лошадями торговали, – стонъ стоитъ. А площадь эта … – какъ бы тебѣ сказать?… – да попросторнѣй будетъ, чѣм… знаешь, Эйфелева-то башня гдѣ? И вся – въ саняхъ. Тысячи саней, рядами.

Tout sera vendu, jusqu'aux traîneaux et aux chevaux ! Avec l'argent gagné, on s'offre de la belle marchandise, de l'indienne, - et hop !, à la maison, par le rail ! Le rail ? Le train, si tu préfères. A l'aller, c'est moins cher en traîneau, on a son avoine à vendre, et ses chevaux qu'on a élevés dans ses harras ou qui viennent des hordes de la steppe.

Avant la Noël, à Moscou, sur la Place aux Chevaux - c'est là qu'on les vend -, un grondement incessant. Cette place-là... comment te dire ?... elle est plus grande que... tu sais, là où il y a la tour Eiffel ! Eh bien, imagine-la couverte de traîneaux, - des milliers de traîneaux, en rangs d'oignon eux aussi.

Мороженыя свиньи – какъ дрова, лежатъ на версту. Завалитъ снѣгомъ, а изъ-подъ снѣга рыла да зады. А то чаны, огромные, да... съ комнату, пожалуй! А это солонина. И такой морозъ, что и разсолъ-то замерзаетъ... – розовый ледокъ на солонинѣ.

Мясникъ, бывало, рубитъ топоромъ свинину, кусокъ отскочитъ, хоть съ полфунта, – наплевать! Нищій подберетъ. Эту свиную «крошку» охапками бросали нищимъ: на, разговѣйся!

1. Поясничная часть
2. Спинная часть
3. Котлетная масса
4. Филейная часть
5. Окорок
6. Грудинка
7. Лопаточная часть

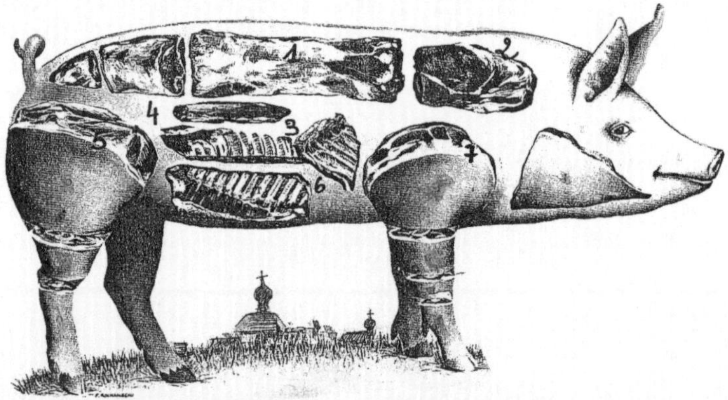

Sur une verste, les cochons gelés, rangés comme des bûches. Et si la neige se remet à tomber, tu n'aperçois plus que leurs groins et leurs derrières qui pointent. A côté, des cuves gigantesques... tiens, grandes comme cette pièce ! Ce sont les salaisons. Il gèle si fort que même la saumure est prise. Sur la viande, une légère glace rose.

1 verste = 1,06 km.

En découpant ses cochons à la hache, il arrive qu'un boucher en fasse sauter un morceau d'au moins une demi-livre. Bah ! La belle affaire ! Un mendiant le ramassera. Des "miettes" de porc comme ça, on en jetait par brassées aux miséreux: régalez-vous, c'est jour gras !

Передъ свининой – поросячій рядъ, на версту. А тамъ – гусиный, куриный, утка, глухари-тетерьки, рябчикъ... Прямо изъ саней торговля. И безъ вѣсов, поштучно больше. Широка Россія, – безъ вѣсовъ, наглазъ. Бывало, фабричные, впрягутся въ розвальни, – большія сани, – везутъ-смѣются.

Горой навалятъ: поросятъ, свинины, солонины, баранины... Богато жили.

Devant l'allée des cochons, celle des porcelets, sur une verste de long. Là-bas, celle des poules, des oies, des canards, des gélinottes et des coqs des bouleaux... On achète directement aux traîneaux. Et pas question de peser la marchandise, on vend à la pièce. La Russie est généreuse ! A quoi bon des balances ? On évalue au coup d'oeil ! Souvent, des ouvriers s'attellent aux rozvalnias - de grands traîneaux - qu'ils tirent en faisant les pitres.

Des montagnes de cochons et de moutons, de porcelets et de salaisons... Je te le dis, petit, on vivait comme des rois !

(DR)

Передъ Рождествомъ, дня за три, на рынкахъ, на площадяхъ, – лѣсъ елокъ. А какія елки! Этого добра въ Россіи сколько хочешь. Не такъ, какъ здѣсь, – тычинки. У нашей елки... какъ отогрѣется, расправитъ лапы, – чаща.

На Театральной площади, бывало, – лѣсъ. Стоятъ, въ снѣгу. А снѣгъ повалитъ, – потерялъ дорогу! Мужики, в тулупахъ, какъ в лѣсу. Народъ гуляетъ, выбираетъ. Собаки въ елкахъ – будто, волки, право.

A trois jours de Noël, sur les places et les marchés, une forêt de sapins ! Et quels sapins ! C'est que la Russie n'en manque pas, oh non ! Et pas de ces pauvres petits piquets qu'on voit ici, non-non !.. Notre sapin à nous... suffit qu'il se réchauffe, qu'il déploie ses bras, et c'est un bosquet à lui seul.

La Place des Théâtres se change ainsi parfois en forêt. Les sapins sont là, plantés dans la neige. Qu'elle tombe à nouveau, et te voilà perdu au milieu des bois. Les bonnes gens sont à la fête, on n'a que l'embarras du choix. Et tu verrais les chiens : ma parole, entre les sapins, tu croirais des loups !

Костры горятъ, погрѣться. Дымъ столбами. Сбитеньщики ходятъ, аукаются в елкахъ: «Эй, сла-дкій сбитень! калачики горя-чи!..». Въ самоварахъ, на долгихъ дужкахъ, – сбитень.

Сбитень? А такой горячій, лучше чая. Съ медомъ, съ имбиремъ, – душисто, сладко. Стаканъ – копѣйка.

Des feux sont allumés pour se réchauffer. La fumée s'élève en colonnes. Les vendeurs de sbiten déambulent dans la forêt, en criant à la ronde : "Holà ! Ils sont chauds mes petits pains, ils sont chauds ! Et mon sbiten, c'est du velours !" Le sbiten se trouve dans des samovars munis de longues poignées.

Le sbiten ? C'est tout chaud, bien meilleur que le thé. Le sbiten se prépare avec du miel, du gingembre, il est parfumé et sucré. Un kopeck le verre !

Калачикъ мерзлый, стаканчикъ сбитню, толстенькій такой, граненый, – пальцы жжетъ. На снѣжку, въ лѣсу... пріятно! Потягиваешь понемножку, а паръ – клубами, какъ изъ паровоза.

Калачикъ – льдышка. Ну, помакаешь, помягчѣетъ. До ночи прогуляешь въ елкахъ. А морозъ крѣпчаетъ. Небо – въ дыму – лиловое, въ огнѣ. На елкахъ иней. Мерзлая ворона попадется, наступишь – хрустнетъ, какъ стекляшка. Морозная Россія, а... тепло!

Ton petit pain est tout gelé, ton verre épais - un verre à facettes - te brûle les doigts. Mais là, dans la neige, au cœur de la forêt, c'est si bon ! Tu sirotes tranquillement et souffles des nuages de vapeur, pire qu'une locomotive. Ton petit pain ? Un vrai glaçon. Bah, trempe-le dans ton verre, il se ramollira.

On baguenaude jusqu'à la nuit dans les sapins. Mais il fait de plus en plus froid. Dans la fumée, le ciel a pris une teinte lilas, - un ciel en feu. Les sapins sont engivrés et si par hasard tu trébuches sur une corneille gelée, tu l'entends qui craque comme des bris de verre. La Russie est rude... mais qu'il y fait bon vivre, aussi !

Въ Сочельникъ, подъ Рождество, – бывало, до звѣзды не ѣли. Кутью варили, изъ пшеницы, съ медомъ; взваръ – изъ чернослива, груша, шептала... Ставили подъ образа, на сѣно. Почему?.. А будто – даръ Христу. Ну... будто, Онъ на сѣнѣ, въ ясляхъ.

Бывало, ждешь звѣзды, протрешь всѣ стекла. На стеклахъ ледъ, съ мороза. Вотъ, братъ, красота-то!.. Елочки на нихъ, разводы, какъ кружевное. Ноготкомъ протрешь – звѣзды не видно? Видно! Первая звѣзда, а вонъ – другая... Стекла, засинѣлись. Стрѣляетъ отъ мороза печка, скачутъ тѣни.

Le jour du Sotchelnik, la veille de Noël, on ne mange rien, souvent, jusqu'à la première étoile. On prépare la koutia, une bouillie de froment au miel, et un sirop de pruneaux, de poires, de pêches séchées. On pose le tout sous les icônes, sur un peu de paille. Pourquoi ?.. Eh bien, en guise d'offrande au Petit Jésus... Un peu... comme s'Il était couché sur la paille de la crèche.

Souvent, en attendant l'étoile, on a le temps de gratter toute la glace des vitres, et il y en a, avec ce froid ! Ça, fiston, c'est de toute beauté ! Ça fait comme de petits sapins, des broderies, une vraie dentelle ! Tu grattes de l'ongle: alors, cette étoile, elle vient ? La voilà ! La première! Et une autre là-bas !.. Les vitres sont toutes bleues, maintenant. Le poêle crépite de froid, des ombres dansent.

Sotchelnik : désigne aussi bien la veille de Noël que celle de la Théophanie (Krechtchenski sotchelnik). Le mot vient de la bouillie de céréales (sotchivo), traditionnellement consommée à ces dates, en même temps que la koutia.

Koutia : Préparée aux veilles de Noël, du Nouvel An et de la Théophanie, elle était surtout un élément rituel indispensable aux enterrements et, autrefois, aux fêtes des morts.

А звѣздъ больше. А какія звѣзды!.. Форточку откроешь – рѣзанетъ, ожжетъ морозомъ. А звѣзды..! На черномъ небѣ такъ и кипитъ отъ свѣта, дрожитъ, мерцаетъ. А какія звѣзды..! Усатыя, живыя, бьются, колютъ глазъ. Въ воздухѣ-то мерзлость, черезъ нее-то звѣзды больше, разными огнями блещутъ, – голубой хрусталь, и синій, и зеленый, – въ стрѣлкахъ.

И звонъ услышишь. И будто это звѣзды – звонъ-то! Морозный, гулкій, – прямо, серебро. Такого не услышишь, нѣтъ. Въ Кремлѣ ударятъ, – древній звонъ, степенный, съ глухотцой. А то – тугое серебро, какъ бархатъ звонный. И все запѣло, тысяча церквей играетъ. Такого не услышишь, нѣтъ. Не Пасха, перезвону нѣтъ, а стелетъ звономъ, кроетъ серебромъ, как пѣнье, безъ конца-начала... – гулъ и гулъ.

Les étoiles arrivent de partout... et quelles étoiles ! Tu ouvres le vasistas, et aussitôt le gel te griffe et te brûle la peau. Mais les étoiles ! Le ciel en bouillonne de lumière, il frémit et scintille. Mais les étoiles ! Fébriles, vivantes, elles te piquent les yeux de leurs barbilles. Grossies par l'air glacé, elles brillent de mille feux, - cristal azuré, bleu, vert, myriades de pointes.

Entends-tu le carillon ? On dirait qu'il vient des étoiles. Carillon de glace, profond : de l'argent ! Nulle part, tu n'en entendras de pareil ! Quand sonnent les cloches du Kremlin, leur voix est grave, antique, un peu rauque. Mais là, c'est de l'argent pur, ou comme un velours qui tinterait soudain. Et tout se met à chanter, mille églises à la fois. Nulle part, tu n'entendras cela, non... Ce n'est pas le carillon de Pâques, il n'y a pas de répons. C'est un carillon qui s'étend à l'infini, enveloppe le monde d'argent et, tel un chant sans début ni fin, résonne encore et encore.

Ко всенощной. Валенки надѣнешь, тулупчикъ изъ барана, шапку, башлычокъ, – морозъ и не щипнетъ. Выйдешь – пѣвучій звонъ. И звѣзды. Калитку тронешь, – такъ и осыплетъ трескомъ. Морозъ! Снѣгъ синій, крѣпкій, попискиваетъ тонко-тонко. По улицѣ – сугробы, горы. Въ окошкахъ розовые огоньки лампадокъ. А воздухъ... – синій, серебрится пылью, дымный, звѣздный. Сады дымятся. Березы – бѣлыя видѣнья. Спятъ въ нихъ галки. Огнистые дымы столбами, высоко, до звѣздъ. Звѣздный звонъ, пѣвучій, – плыветъ, не молкнетъ; сонный, звонъ-чудо, звонъ-видѣнье, славитъ Бога въ вышнихъ, – Рождество.

Bientôt la messe de minuit. Tu enfiles tes valenki, ta touloupe en peau de mouton, tu mets ta chapka et ton bachlyk par-dessus. Avec tout ça, tu ne crains plus les pinçons du froid. Tu mets le pied dehors, - et le carillon sonne, mélodieux. Et les étoiles ! Tu poses la main sur la barrière, - une gerbe de craquements ! Il gèle à pierre fendre. La neige est bleue, dure, elle gémit menu-menu. La rue est semée de congères, de montagnes de neige. Aux fenêtres, la petite flamme rose des veilleuses. Et l'air... Bleu, lui aussi, nébuleux, étoilé, empli de poussière d'argent. Les jardins fument. Dans les bouleaux, blanches apparitions, dorment les choucas. La fumée des feux monte en colonnes, haut, très haut, jusqu'aux étoiles. Carillon des étoiles, mélodieux, infini, qui vogue dans les airs... Carillon de rêve, carillon-miracle, carillon-vision, qui chante la gloire du Seigneur au plus haut des Cieux... C'est Noël !

Valenki : Bottes d'hiver en feutre épais.

Touloupe : pelisse en peau de mouton fourrée, mais non doublée, à grand col.

Bachlyk : sorte de capuchon, porté par-dessus la chapka, fait d'une longue pièce de feutre enroulée autour de la tête et nouée autour du cou (du tatar : bash, la tête).

Идешь и думаешь: сейчасъ услышу ласковый напѣвъ-молитву, простой, особенной какой-то, дѣтскій, теплый... – и почему-то видится кроватка, звѣзды.

Рождество Твое, Христе Боже нашъ,
Возсія міровн Свѣтъ Разума...

И почему-то кажется, что давній-давній тотъ напѣвъ священный... былъ всегда. И будетъ.

На уголкѣ лавчонка, безъ дверей. Торгуетъ старичокъ въ тулупѣ, жмется. За мерзлымъ стеклышкомъ – знакомый Ангелъ съ золотымъ цвѣточкомъ, мерзнетъ. Осыпанъ блескомъ. Я его держалъ недавно, трогалъ пальцемъ. Бумажный Ангелъ. Ну, карточка... осыпанъ блескомъ, снѣжкомъ, какъ-будто. Бѣдный, мерзнетъ. Никто его не покупаетъ: дорогой. Прижался къ стеклышку и мерзнетъ.

Tu vas ton chemin et te dis: dans un instant, j'entendrai la douce prière, refrain si simple et pourtant si particulier, refrain enfantin, chaleureux, et les images soudain te viennent d'un petit lit d'enfant et d'étoiles.

Ta Nativité, Seigneur Notre Dieu,
Brille sur le monde,
Lumière de Raison...

Et il te semble, étrangement, que cette mélodie, ancienne-ancienne et sainte... a toujours été. Et pour toujours sera.

A l'angle, une minuscule échoppe, sans porte. Le marchand, un petit vieux, se blottit dans sa touloupe. Par la vitre gelée, un Ange familier, transi, qui tient une fleur dorée. Je l'ai touché, eu entre mes mains il y a peu : c'est un Ange de papier. Une image, en somme, semée d'éclats brillants, pour faire comme de la neige. Le pauvre, il gèle. Personne ne veut l'acheter : trop cher. Alors il reste là, tassé de froid contre la vitre.

Ta Nativité, Seigneur
Notre Dieu,
Brille sur le monde,
Lumière de Raison.
Car à travers elle,
Ceux qui servent les étoiles
Ont appris à T'adorer,
Soleil de la Vérité
Et à Te connaître,
Orient supérieur,
Gloire à Toi, Seigneur.

Идешь изъ церкви. Все – другое. Снѣгъ – святой. И звѣзды – святыя, новыя, рождественскія звѣзды. Рождество!

Посмотришь въ небо. Гдѣ же она, та давняя звѣзда, которая волхвамъ явилась? Вотъ она: надъ Барминихинымъ дворомъ, надъ садомъ! Каждый годъ – надъ этимъ садомъ, низко. Она голубоватая, Святая. Бывало, думалъ: «Если къ ней итти – придешь туда. Вотъ, притти бы... и поклониться вмѣстѣ с пастухами Рождеству! Онъ – въ ясляхъ, въ маленькой кормушкѣ, какъ въ конюшнѣ... Только не дойдешь, морозъ, замерзнешь!». Смотришь, смотришь – и думаешь: «Волсви же со звѣздою путеше-эствуютъ!».

Mais quand on ressort de l'église, tout a changé. Une autre neige, une neige sainte. Les étoiles aussi sont neuves, saintes, des étoiles de Noël. C'est Noël !

Les yeux au ciel, tu la cherches: où donc est-elle ? où est l'étoile jadis apparue aux mages ? La voilà ! Là, au-dessus de chez les Barminikhine, au-dessus du jardin ! Elle y est chaque année, si bas dans le ciel, sainte, bleutée. Souvent, je songeais en la regardant: "Il suffirait d'aller vers elle pour se retrouver... là-bas. Ah, être là-bas et adorer l'enfant nouveau-né avec les bergers ! Lui serait dans la crèche, dans sa petite mangeoire, comme celle de notre écurie... Mais comment y parvenir, il gèle si fort, je mourrais de froid !" Alors, on se contente de la contempler encore et encore, en pensant: "Les mages cheminent avec l'Etoile !"

Волсви?.. Значитъ – мудрецы, волхвы. А, маленькій, я думалъ – волки. Тебѣ смѣшно? Да, добрые такіе волки, – думалъ. Звѣзда ведетъ ихъ, а они идутъ, притихли. Маленькій Христосъ родился, и даже волки добрые теперь. Даже и волки рады. Правда, хорошо, вѣдь? Хвосты у нихъ опущены. Идутъ, поглядываютъ на звѣзду. А та ведетъ ихъ.

Вотъ и привела. Ты видишь, Ивушка? А ты зажмурься... Видишь – кормушка съ сѣномъ, свѣтлый-свѣтлый мальчикъ, ручкой манитъ?.. Да, и волковъ... всехъ манитъ. Какъ я хотѣлъ увидѣть!.. Овцы тамъ, коровы, голуби взлетаютъ по стропиламъ... и пастухи, склонились... и цари, волхвы...

Les mages ? Les rois-mages, des sages. Petit, je croyais que les mages étaient des loups*. Ça te fait rire ? Mais oui, je me disais : “Des loups, des loups si gentils... L’Etoile les mène à la crèche et ils la suivent, doux comme des agneaux. Le petit Jésus est né, et à présent même les loups sont gentils. Même les loups sont heureux”. Ce serait bien, non ? Ils avanceraient la queue basse, en jetant çà et là un coup d’oeil vers l’Etoile qui les guiderait...

Les voici arrivés. Tu les vois, Ivouchka ? Ferme tes petits yeux... Tu vois ? La crèche emplie de paille et l’enfant, au milieu, rayonnant, lumineux, qui fait signe à tous d’approcher ? Oui, oui, même aux loups... à tout le monde. Comme j’aurais voulu y être, voir les moutons et les vaches, et les colombes voletant sous la charpente, les bergers penchés sur l’enfant... et les rois, les mages...

** Confusion qui s’explique par la proximité des deux mots en russe :*
volki = les loups
volkhi = les mages

И вотъ, подходятъ волки. Ихъ у насъ въ Россіи много!.. Смотрятъ, а войти боятся. Почему боятся? А стыдно имъ... злые такіе были. Ты спрашиваешь – впустятъ? Ну, конечно, впустятъ. Скажутъ: ну, и вы входите, нынче Рождество! И звѣзды... и всѣ звѣзды тамъ, у входа, толпятся, свѣтятъ... Кто, волки? Ну, конечно, рады.

Бывало, гляжу и думаю: прощай, до будущаго Рождества! Рѣсницы смерзлись, а отъ звѣзды все стрѣлки, стрѣлки...

Puis les loups arrivent à leur tour. Les loups, si tu savais comme ils sont nombreux en Russie !.. Ils risquent un regard à l'intérieur mais n'osent pas entrer... Pourquoi ? C'est qu'ils ont honte d'avoir été aussi méchants ! Tu te demandes si on les laissera s'avancer ? Bien sûr, voyons ! On leur dira : "Allons, venez, vous aussi, venez, c'est aujourd'hui Noël !" Et les étoiles, toutes les étoiles sont là qui se pressent à l'entrée, radieuses... Qui ? Les loups ? Naturellement qu'ils sont contents !

Souvent, je me disais en contemplant le ciel: "Adieu, l'Etoile, à Noël prochain !" Mes cils étaient collés de givre, mais ces flèches, ces flèches que lançaient les étoiles !

Зайдешь къ «Бушую». Это у насъ была собака, лохматая, большая, въ канурѣ жила. Сѣно там у ней, тепло ей. Хочется сказать «Бушую», что Рождество, что даже волки добрые теперь и ходятъ со звѣздой...

Крикнешь въ кануру – «Бушуйка!» Цѣпью загремитъ, проснется, фыркнетъ, посунетъ мордой, добрый, мягкiй. Полижетъ руку, будто скажетъ: да, Рождество. И – на душѣ тепло, отъ счастья.

Мечтаешь: Святки, елка, въ театръ поѣдемъ... Народу сколько завтра будетъ! Плотникъ Семенъ кирпичиковъ мнѣ принесетъ и чурбачковъ, чудесно они пахнутъ елкой!.. Придетъ моя кормилка Настя, сунетъ апельсинчикъ и будет цѣловать и плакать, скажетъ – «выкормочекъ мой... растешь»...

Puis j'allais voir Bouchouï, un chien que nous avions, un gros chien plein de poils, avec sa niche à lui, emplie de foin pour qu'il ait chaud. J'avais envie de lui dire: "C'est Noël, même les loups sont gentils, à présent, ils suivent l'Etoile..."

Je crie : "Bouchouïka !" Il se réveille, s'ébroue, faisant tinter sa chaîne, et pointe son museau, doux et tellement mignon. Il me lèche la main, comme pour me répondre : "Eh oui, c'est Noël !" Et j'en ai chaud au coeur, de bonheur.

Tu te prends à rêver : les sviatki, le sapin, on ira au théâtre... Et demain, quel monde il y aura ! Le charpentier Semion m'offrira des briquettes et des bûchettes qui sentent si bon le sapin ! Et puis Nastia, ma nourrice, viendra me voir, elle me donnera une orange, m'embrassera et pleurera, en disant : "Mon tout petit à moi... comme tu grandis..."

Sviatki : "jours saints", les douze jours de fête compris entre la veille de Noël et le 6 janvier. L'Epiphanie est fêtée en même temps que Noël dans le calendrier orthodoxe. Le 6 janvier, on célèbre la Théophanie, la manifestation de la Trinité et, surtout, le Baptême du Christ.

Подбитый Баринъ придетъ еще, такой смѣшной. Ему дадутъ стаканчикъ водки. Будетъ махать бумажкой, такъ смѣшно. Съ длинными усами, въ красномъ картузѣ, а подъ глазами «фонари». И будетъ говорить стихи. Я помню:

И пусть ничто-съ за этотъ Праздникъ
Не омрачаетъ торжества!
Поднесъ почтительно-съ проказникъ
Въ сей день Христова Рождества!

Въ кухнѣ на полу рогожи, пылаетъ печь. Теплится лампадка. На лавкѣ въ окоренкѣ оттаиваетъ поросенокъ, весь въ морщинкахъ, индюшка серебрится отъ морозца.

Il y aura aussi le Barine-z'yeux-pochés, qui est tellement drôle! On lui servira un petit verre de vodka et, avec ses longues moustaches, sa casquette rouge et ses "coquards", il fera rire tout le monde en agitant un bout de papier, avec un texte. Puis il dira ses vers. Je m'en souviens encore :

Et que rien ne vienne en ce beau jour, mes seigneurs,
Assombrir nos réjouissances solennelles !
Déclara d'un ton sentencieux le farceur,
En cette Nativité, en ce jour de la Noël.

On a posé des nattes de tille sur le sol, dans la cuisine. Le poêle flambe, une veilleuse brûle doucement. Sur le banc, dans un baquet, un cochon de lait dégèle, tout ridé. Une dinde couverte de givre brille comme de l'argent.

И непремѣнно загляну за печку, гдѣ плита: стоитъ?.. Только подъ Рождество бываетъ. Огромная, во всю плиту, – свинья! Ноги у ней подрублены, стоитъ на четырехъ култышкахъ, рыломъ въ кухню. Только сейчасъ втащили, – блеститъ морозцемъ, уши не обвисли. Мнѣ радостно и жутко: въ глазах намерзло, сквозь бѣловатыя рѣсницы смотритъ...

Кучеръ говорилъ: «Велѣно ихъ ѣсть на Рождество, за наказаніе! Не давала спать Младенцу, все хрюкала. Потому и называется – свинья! Онъ ее хотѣлъ погладить, а она, свинья, щетинкой Ему ручку уколола!»

Je ne manque jamais de jeter un coup d'oeil derrière le poêle où se trouve la plita, pour voir s'il est bien là. Il n'apparaît chez nous qu'au moment de Noël. Le voici, énorme, occupant toute la plita : le Cochon ! Il a les pattes coupées et se tient debout sur ses quatre moignons, le groin vers la cuisine. On vient de le traîner jusqu'ici, il brille encore de froid et garde les oreilles droites. Je suis content, mais un peu effrayé aussi : à travers ses cils blanchâtres, il darde sur moi ses yeux pleins de givre.

Le cocher avait coutume de dire : "On doit le manger à Noël, pour le punir ! A grogner sans cesse, il empêchait l'Enfant-Jésus de dormir. C'est pour ça qu'il porte le nom de cochon. Le petit Jésus voulait le caresser un peu, et lui, le cochon, avec sa brosse dure, il lui a piqué la main !"

Plita : grosse dalle de pierre ou de métal; également cuisinière basse couverte d'une plaque en fonte.

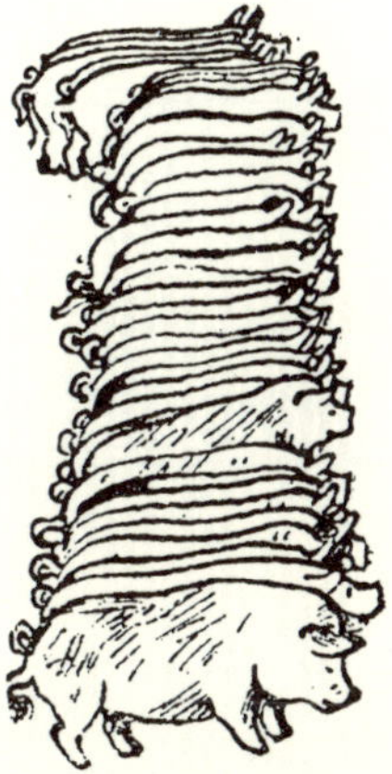

Смотрю я долго. Въ черномъ рылѣ – оскаленные зубки, «пятакъ», как плошка. А вдругъ соскочитъ и загрызетъ?.. Какъ-то она загромыхала ночью, напугала.

И в домѣ – Рождество. Пахнетъ натертыми полами, мастикой, елкой. Лампы не горятъ, а все лампадки. Печки трещатъ-пылаютъ. Тихій свѣтъ, святой. Окна совсѣмъ замерзли. Отблескиваютъ огоньки лампадокъ – тихій свѣтъ, святой. Въ холодномъ залѣ таинственно темнѣетъ елка, еще пустая, – другая, чѣм на рынкѣ. За ней чуть брезжитъ алый огонекъ лампадки, – звѣздочки, в лѣсу, какъ-будто... А завтра!...

Je le regarde longuement. Dans le trou noir de sa gueule béante, ses petites dents menaçantes. Le groin comme un lampion. Et s'il me sautait soudain à la gorge ? N'a-t-il pas, une nuit, fait un raffut du diable, à vous flanquer la frousse ?...

C'est Noël dans toute la maison. Ça sent bon le parquet ciré, l'encaustique, le sapin. On a éteint les lampes mais toutes les veilleuses brûlent. Les poêles ronflent et crépitent. Lumière douce, lumière sainte. Les fenêtres sont complètement glacées. Les vitres réfléchissent la petite flamme des veilleuses, - lumière douce, lumière sainte... Dans le froid du salon, le sapin se dessine, masse sombre et mystérieuse, tout nu encore, et pourtant déjà différent de celui du marché. La flamme pourpre de la veilleuse palpite à peine au travers, telle une étoile dans la forêt... Mais demain !...

А вотъ и – завтра. Такой морозъ, что все дымится. На стеклахъ наросло буграми. Солнце надъ Барминихинымъ дворомъ – въ дыму, виситъ пунцовымъ шаромъ. Будто и оно дымится! Отъ него столбы въ зеленомъ небѣ. Водовозъ подъѣхалъ въ скрипѣ. Бочка вся въ хрусталѣ и трескѣ. И она дымится, и лошадь, вся сѣдая. Вотъ мо-розъ!

Et nous voici à demain. Il gèle si fort que tout fume. De petites mottes de givre ont poussé sur les vitres. Le soleil, globe ponceau, est suspendu dans la brume au-dessus de chez les Barminikhine. On dirait qu'il fume, lui aussi, des colonnes s'en échappent, emplissant le vert du ciel. Le traîneau du porteur d'eau arrive dans un crissement. Sa barrique n'est que cristal et craquements. Elle aussi fume, tout comme le cheval, un cheval à la robe soudain blanchie. Ça, c'est un hiver !

Топотомъ шумятъ въ передней. Мальчишки, славить... Все мои друзья: сапожниковы, скорнячата. Впереди Зола, тощій, кривой сапожникъ, очень злой, выщипываетъ за вихры мальчишекъ. Но сегодня добрый. Всегда онъ водитъ «славить». Мишка Драпъ несетъ Звѣзду на палкѣ – картонный домикъ: свѣтятся окошки изъ бумажекъ, пунцовыя и золотыя, – свѣчка тамъ. Мальчишки шмыгаютъ носами, пахнутъ снѣгомъ.

– «Волхи же со Звѣздою питушествуютъ!» – весело говоритъ Зола.

Волховъ пріючайте,
Святое стрѣчайте,
Пришло Рождество,
Начинаемъ торжество!
Съ нами Звѣзда идетъ,
Молитву поетъ...

On piétine dans l'entrée: les gamins du quartier viennent chanter Noël. Tous mes amis sont là : le fils du cordonnier, le fils du fourreur. En tête, marche Zola, le cordonnier maigre et borgne, méchant comme une teigne, qui tire les cheveux des gamins. Mais aujourd'hui, il est gentil. C'est toujours lui qui conduit la procession des enfants. Michka Drap porte l'Etoile de Noël au bout d'un bâton, - une maisonnette de carton avec des fenêtres en papier illuminées, écarlates et dorées: il y a une bougie à l'intérieur. Les gamins ont la goutte au nez, ils sentent bon la neige.

"Les mages chôminent avec l'Etoile !", dit joyeusement Zola.

Les mages accueillez
Et ce jour saint célébrez,
Car Noël est arrivé
Et la fête commencée !
L'Etoile nous accompagne
Pour chanter cette prière...

Онъ взмахиваетъ чернымъ пальцемъ, и начинаютъ хоромъ:

Рождество Твое, Христе Бо-же нашъ...

Совсѣмъ непохоже на Звѣзду, но все равно. Мишка Драпъ машетъ домикомъ, показываетъ, какъ Звѣзда кланяется Солнцу Правды. Васька, мой другъ, сапожникъ, несетъ огромную розу изъ бумаги и все на нее смотритъ. Мальчишка портного Плѣшкинъ въ золотой коронѣ, съ картоннымъ мечомъ серебрянымъ.

– «Это у насъ будетъ Царь Кастинкинъ, который Царю Ироду голову отсѣкетъ! – говоритъ Зола. – Сейчасъ будетъ святое приставленіе!» – Онъ схватываетъ Драпа за голову и устанавливаетъ, какъ стулъ. – «А кузнечонокъ у насъ царь-Იродъ будетъ!»

Зола схватываетъ вымазаннаго сажей кузнечонка и ставитъ на другую сторону. Подъ губой кузнечонка привѣшенъ красный языкъ изъ кожи, на головѣ зеленый колпакъ со звѣздами.

Il lève et agite un doigt noir, et tous s'y mettent en choeur :

"Ta nativité, Seigneur Notre Dieu..."

Ça ne ressemble pas du tout à l'Etoile, mais qu'importe : Michka Drap brandit sa maison de carton, montrant comment l'Etoile s'incline devant le Soleil de la Vérité. Mon copain Vasska, le fils du cordonnier, porte une énorme rose en papier qu'il n'arrête pas d'admirer. Plechkine, le fils du tailleur, arbore une couronne dorée et tient une épée en carton, argentée.

"Et voici que notre tsar Constantin va couper la tête au roi Hérode !" dit Zola. "Que s'accomplisse le saint drame !"

Il saisit Drap par le crâne et le dispose pour la représentation, comme un meuble. "Et c'est le gars du forgeron qui sera notre roi Hérode." Zola empoigne le gamin tout barbouillé de suie et le place en face de l'autre. Il a une langue rouge - un bout de cuir - qui lui pendouille sous la lèvre, et sur la tête un bonnet vert, avec plein d'étoiles dessus.

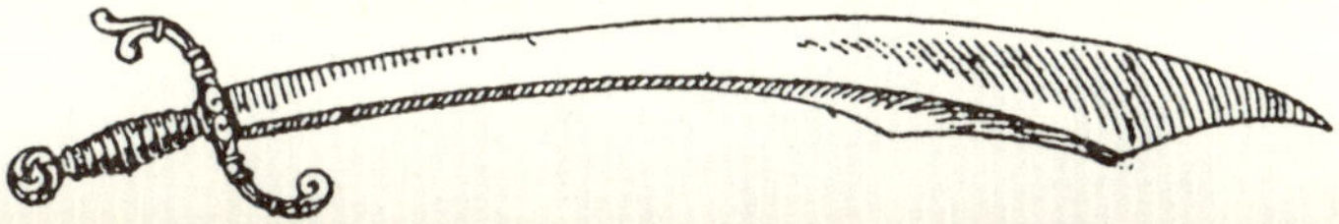

Le nom de Hérode est devenu en russe un nom commun, irod : monstre.

– «Подымай мечъ выше!» – кричитъ Зола. – «А ты, Степка, зубы оскаль страшнѣй! Это я отъ баушки еще знаю, отъ старины!»

Плѣшкинъ взмахиваетъ мечомъ. Кузнечонокъ страшно ворочаетъ глазами и скалитъ зубы. И всѣ начинаютъ хоромъ:

Приходили вол-хи,
Приносили бол-хи,
Приходили бол-хари,
Иродъ ты Иродъ,
Чего ты родился,
Чего не хрестился,
Я царь – Ка-стинкинъ,
Маладенца люблю,
Тебѣ голову срублю!

“Lève ton épée plus haut !” crie Zola. “Et toi, Stiopka, montre un peu les dents, qu’on aie peur ! C’est comme ça qu’il faut faire, je le sais, je le tiens de ma grand-mère, de l’Ancien Temps !”

Plechkine brandit son épée. Le fils du forgeron roule des yeux terribles et montre les dents. Tous entonnent en choeur :

Ils sont venus, les mages,
Apporter leurs grelages,
Sont venus les magos,
Apporter leurs grelots.
Hérode, monstre que tu es,
Pourquoi donc es-tu né ?
Que n’es-tu baptisé ?
Moi, Constantin, c’est juré,
L’enfant Jésus aimerai
Et ta tête trancherai !

Плѣшкинъ хватаетъ чернаго Ирода за горло, ударяетъ мечомъ по шеѣ, и Иродъ падаетъ, какъ мешокъ. Драпъ машетъ надъ нимъ домикомъ. Васька подаетъ Царю-Кастинкину розу. Зола говоритъ скороговоркой:

– «Издохъ царь Иродъ поганой смертью, а мы Христа славимъ-носимъ, у хозяевъ ничего не просимъ, а чего накладутъ – не бросимъ!»

Имъ даютъ желтый бумажный рубликъ и по пирогу съ ливеромъ, а Золѣ подносятъ и зеленый стаканчикъ водки. Онъ утирается сѣдой бородкой и обѣщаетъ зайти вечеркомъ спѣть про Ирода «подлиннѣй», но никогда почему-то не приходитъ.

Позваниваетъ въ парадномъ колокольчикъ, и будетъ звонить до ночи. Приходитъ много людей поздравить.

Plechkine saisit le noir Hérode à la gorge, le frappe au cou de son épée. Hérode s'affaisse comme un sac. Drap agite sa maison au-dessus de lui. Vasska offre sa rose au tsar Constantin. Et Zola débite tout d'une traite :

"Le roi Hérode est mort d'une mort de païen et nous louons le Christ au plus haut des Cieux ; aux maîtres des lieux rien ne demandons, mais qu'ils donnent et nous prendrons !"

On distribue à chacun un billet jaune d'un rouble et un petit pâté aux abats. Zola a droit en plus à un verre de vodka. Tirant sur sa barbiche blanche, il promet de repasser dans la soirée, pour chanter la mort d'Hérode "un peu plus longtemps". Mais, Dieu sait pourquoi, il ne revient jamais.

La sonnette tinte çà et là dans l'entrée. Elle tintera jusqu'à la nuit. Ils sont nombreux à nous souhaiter un joyeux Noël.

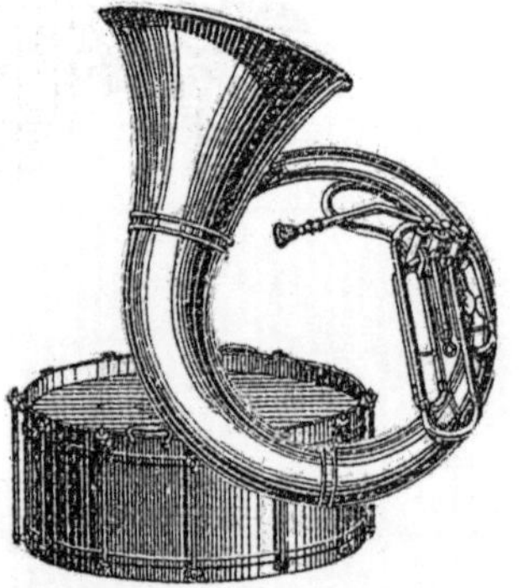

Передъ иконой поютъ священники, и огромный дьяконъ вскрикиваетъ такъ страшно, что у меня вздрагиваетъ въ груди. И взрагиваетъ все на елкѣ, до серебряной звѣздочки наверху.

Приходятъ-уходятъ люди с красными лицами, въ бѣлыхъ воротничкахъ, пьютъ у стола и крякаютъ.

Гремятъ трубы въ сѣняхъ. Сѣни деревянныя, промерзшія. Такой тамъ грохотъ, словно разбиваютъ стекла. Это – «последніе люди», музыканты, пришли поздравить.

– Береги шубы! – кричатъ въ передней.

Впереди выступаетъ длинный, съ краснымъ шарфомъ на шеѣ. Онъ съ громадной мѣдной трубой, и такъ въ нее дуетъ, что дѣлается страшно, какъ бы не выскочили и не разбились его глаза. За нимъ толстенькій, маленькій, съ огромнымъ прорваннымъ барабаномъ. Онъ такъ колотитъ въ него култышкой, словно хочетъ его разбить. Всѣ затыкаютъ уши, но музыканты играютъ и играютъ.

Des prêtres chantent devant l'icône et un énorme diacre pousse des cris si effrayants que mon coeur fait des bonds dans ma poitrine. Le sapin tressaute lui aussi, depuis le pied jusqu'à son étoile d'argent. Des gens vont et viennent, la trogne rouge, en col blanc, ils boivent un verre en jacassant à qui mieux-mieux près de la table.

Des trompettes retentissent dans le vestibule, pièce froide toute en bois, que l'on ne chauffe jamais. Un vacarme, à croire qu'on est en train de fracasser les vitres. Ce sont les "derniers visiteurs" : les musiciens.

"Gare à vos pelisses !" crie quelqu'un dans l'entrée.

Le premier à pointer le nez est un grand maigre, une écharpe rouge autour du cou. Il a une gigantesque trompette de cuivre dans laquelle il souffle si fort qu'on se demande avec angoisse si les yeux ne vont pas lui sortir de la tête. Sur ses talons, un petit gros, muni d'un énorme tambour crevé. Il tape dessus comme un sourd à l'aide de sa baguette, comme s'il voulait le démantibuler. Tout le monde se bouche les oreilles, mais les musiciens jouent sans discontinuer...

Вотъ уже и проходитъ день. Вотъ ужъ и елка горитъ – и догораетъ. Въ черныя окна блеститъ морозъ. Я дремлю. Гдѣ-то гармоника играетъ, топотанье... – должно быть, въ кухнѣ.

Въ дѣтской горитъ лампадка. Красные языки изъ печки прыгаютъ на замерзшихъ окнахъ. За ними – звѣзды. Свѣтитъ большая звѣзда надъ Барминихинымъ садомъ, но это совсѣмъ другая. А та, Святая, ушла. До будущаго года.

Vient la fin de la journée. Vient l'instant où les bougies illuminent le sapin, puis s'éteignent. La gelée brille aux fenêtres noires. Un accordéon joue quelque part, j'entends un piétinement... Sûr qu'il vient de la cuisine...

Dans ma chambre d'enfant, la veilleuse brûle. Des langues rouges bondissent du poêle et dansent sur les vitres gelées. Au-delà, - les étoiles. Une grosse étoile brille encore au-dessus de chez les Barminikhine, mais ce n'est plus la même. L'autre, l'Etoile sainte, a disparu. Jusqu'à l'année prochaine.

Achevé d'imprimer en Septembre 2000
sur les presses d'Industries Graphiques de Paris
Dépôt initial : 4e trimestre 1996 - Dépôt légal : septembre 2000
N° Imprimeur : 170 – ISBN 2-910490-07-6